DEUX

ÉPÉES BRISÉES

(BERTRAND — ROBERT)

PAR

M. ERNEST LEGOUVÉ

de l'Académie française

« Tout Français étant obligé de servir, tout Français doit savoir tenir une épée. »

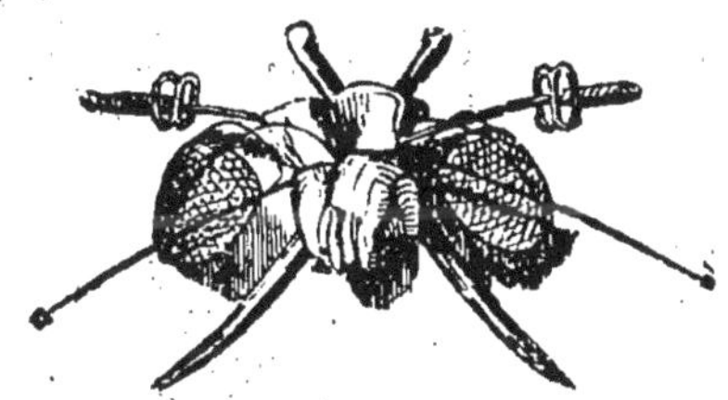

PARIS

PAUL OLLENDORFF, ÉDITEUR

28 *bis*, RUE DE RICHELIEU

M DCCC LXXVI

DEUX ÉPÉES BRISÉES

DEUX

ÉPÉES BRISÉES

(BERTRAND — ROBERT)

PAR

M. ERNEST LEGOUVÉ

de l'Académie française

« Tout Français étant obligé de servir,
tout Français doit savoir tenir une épée. »

PARIS

PAUL OLLENDORFF, ÉDITEUR

28 *bis*, rue de Richelieu

1876

AU PRINCE GEORGES BIBESCO

DEUX ÉPÉES BRISÉES

(BERTRAND — ROBERT)

MON CHER AMI,

Votre lettre m'a été au cœur; ce que vous me demandez me plaît; ce que vous m'annoncez me touche. Quoi ! vous aussi, vous avez eu pour maîtres, ces deux maîtres de ma jeunesse ! Quoi ! à tant d'années de distance l'un de l'autre, nous avons été initiés tous deux à cet art que nous aimons tant, par ces deux artistes que nous avons tant admirés ; nous avons pour la première fois communié avec le fer par l'entremise de ces deux brillantes épées, aujourd'hui brisées, et brisées toutes deux dans la même année, de la même façon, par un de ces coups foudroyants qui rappellent leurs propres coups. Vous désirez que j'ajoute au portrait que j'ai tracé de l'un, le portrait que mérite l'autre, vous me demandez de les réunir tous deux dans le même cadre ; j'y consens de grand cœur, car un hasard singulier les a mêlés tous deux si étroitement à ma vie, qu'ils se sont succédé, sans se remplacer, dans mon affection et dans mon admiration d'élève. C'est chez Bertrand que j'ai tiré pour la première fois avec Robert, il y a trente-cinq ans ; c'est Robert qui m'a donné l'idée d'écrire sur Bertrand ; et il y a six mois, quand j'ai rendu à la mémoire de Robert mon dernier hommage d'ami, Bertrand était assis à côté de moi. Placer ces deux portraits en regard l'un de l'autre et vous les dédier, mon cher ami, c'est mettre leur souvenir sous la garde d'un des noms qui représentent le mieux ce qu'il y a de plus chevaleresque et de plus élégant dans leur art.

BERTRAND[1]

Bertrand est un des hommes à qui s'applique le mieux le mot *type*. Telle est la puissance de cette individualité, l'originalité du caractère s'y allie si étroitement à la supériorité du talent, que l'homme et l'artiste ne faisant qu'un, entreront, ce me semble, du même coup, dans l'imagination de tous, adeptes ou profanes.

Tout homme supérieur a un trait distinctif qui le résume; *la caractéristique* de Bertrand, c'est d'avoir été à la fois le classique le plus pur et le romantique le plus audacieux.

Trois causes firent de lui ce tireur com-

[1] Bertrand vivait encore quand ces pages ont paru dans le journal *le Temps*.

plexe et extraordinaire : son éducation, son organisation physique et son tempérament.

Il eut pour maître son père. Ce père était lui-même un professeur et un tireur distingué, mais il parut et brilla peu dans les assauts publics; il appartenait à cette classe d'artistes

Qui valent moins quand ils sont regardés;

les yeux fixés sur lui le déconcertaient, la lutte devant six cents personnes le paralysait en le surexcitant. Il y a ainsi des timidités qui sont des excès d'effervescence, et des modesties qui sont des excès d'amour-propre. Le père de Bertrand reporta donc toute son ambition sur son fils; il voulut que ce fils fût ce qu'il n'avait pas pu être lui-même, et le soumit à la plus rude discipline. L'école académique voyait alors dans l'escrime autre chose qu'un exercice, elle y voyait un art; elle y cherchait non-seulement l'utilité, mais la beauté; ce n'est pas elle qui aurait défini les armes, le talent de toucher et de ne pas être touché; le coup le plus heureux ne comptait pas alors s'il s'écartait des règles sévères de l'élégance et de la correction. Ces règles, le père de Bertrand y ajoutait encore par la rigueur de son enseignement; il dompta, mata, assouplit, à force de contraintes salutaires, ces jarrets et ce poignet de vingt ans, en même temps que ses méthodiques leçons ouvraient à cette jeune intelligence tous les secrets de l'art.

Mais qu'arriva-t-il? C'est qu'au sortir de cette rude discipline, Bertrand tomba au milieu d'une révolution d'escrime qui renversait toutes les anciennes règles. Le romantisme faisait explosion dans les armes comme dans les autres arts. Arrière tout ce qui s'appelait *académique*. Plus de correction, plus d'élégance; le tireur ne devait avoir qu'un objet, toucher! toucher n'importe où et n'importe comment! C'était la théorie politique de la souveraineté du but transportée dans les armes. Un tel bouleversement était bien fait pour troubler les idées d'un jeune homme; Bertrand s'y trouva à l'aise comme dans son élément naturel. Classique par son éducation, mais romantique par tempérament, lui aussi il était l'homme des audaces, des initiatives, des tentatives hasardeuses; mettant donc au service des idées révolutionnaires le fond de science et la sûreté d'exécution qu'il devait à son père, il s'appropria toutes les ressources de l'école nouvelle sans rien rejeter des principes de l'ancienne, et résolut le problème, insoluble ce semble, de rester aussi élégant, aussi régulier, aussi correct que ses maîtres, en devenant aussi hardi, aussi *toucheur* que ses adversaires; imaginez-vous,

Si parva licet componere magnis

— imaginez-vous Eugène Delacroix grand dessinateur, ou Ingres grand coloriste.

Son premier début fit sensation. Il avait à peu près vingt ans. L'assaut avait lieu au Vauxhall, devant une réunion considérable. Lorsque le jeune Bertrand s'avança avec son agréable figure, ses cheveux naturellement frisés, son costume soigné et même coquet, lorsque, revêtu d'un gilet en coutil blanc qui dessinait sa fine taille et sa large poitrine, d'un pantalon blanc et collant qui montrait la perfection élégante de ses formes, il commença à tirer le mur, et y déploya cette grâce de mouvements et cette solidité d'attitude qui sont restées une de ses gloires, la salle entière éclata en applaudissements; on se croyait en Grèce, on s'imaginait voir un jeune athlète aux jeux olympiques.

Ce premier succès fut pour Bertrand un nouveau stimulant au travail. Il s'imposa à lui-même une épreuve plus dure que les leçons paternelles. Il souda ensemble, et l'une sur l'autre, trois lames de fleuret; puis il s'exerça à faire jusqu'à cent vingt doubles contres de quarte, à grande vitesse, avec ce triple fer; au bout de ce travail, une lame ordinaire lui semblait bien légère et il y acquit une telle puissance de main, que quand il vous enveloppait dans ses parades circulaires, on se sentait pris comme dans un engrenage. Enfin il compléta l'éducation de ses jambes et de ses poumons par une lutte qui rappelle encore les jeux de l'antiquité : les jours de fête cantonale, il allait dans les environs de la ville disputer le prix de la course et le remportait presque toujours. Ce fils de Paris était un vrai fils d'Athènes.

Si je devais définir Bertrand d'un mot, je l'appellerais un homme de lutte; il en avait le tempérament et parfois l'emportement.

Audacieux, ambitieux, orgueilleux, il apportait dans le combat fictif de l'assaut une telle passion qu'il semblait en faire un combat véritable, et il était toujours prêt à changer son fleuret en épée. Tous les amateurs ont gardé mémoire du fameux défi qu'il lança en plein Vauxhall, devant six cents personnes, à huit ou dix de ses confrères. A la suite d'une discussion survenue, je ne sais pourquoi, voilà mon arrogant, — rappelons pour son excuse qu'il avait à peine vingt-cinq ans, et qu'à cet âge-là le sang bouillonne terriblement fort chez ces organisations puissantes, — voilà donc mon arrogant qui s'avance et déclare tout haut que ses huit ou dix confrères sont des ânes, et qu'il le leur prouvera à tous quand ils le voudront, l'épée à la main. On devine sans peine quel tumulte suivit cette provocation. Cris ! Sifflets ! A bas l'insolent ! Qu'il fasse des excuses ! Le public était plus irrité et se sentait plus insulté que les insultés eux-mêmes. Enfin, le bruit s'apaise, les assauts recommencent et Bertrand, à son tour, reparaît en scène. De toutes parts éclatent des murmures, soudain couverts par une explosion de bravos au moment où son adversaire fait son entrée. L'assaut commence, Bertrand était très-pâle ; il touche le premier coup par une riposte admirable : silence complet. Il touche le second coup par un dégagement de vitesse : silence complet. Son adversaire, à la troisième passe, lui effleure le haut de l'épaule : tonnerre d'applaudissements. Un autre se serait déconcerté, mais il était si bien un homme d'action que le sentiment de ces deux luttes réunies, que l'idée d'avoir à la fois à combattre son adversaire et le public l'aiguillonne et l'apaise. Il n'était jamais plus redoutable que dans ces moments de colère concentrée, où, restant maître de ses emportements, il les utilisait et en faisait des instruments dociles de ses inspirations et de ses calculs. L'assaut continue ; il touche deux nouveaux coups de bouton aussi brillants que les deux premiers : même silence. Son adversaire l'atteint au-dessous de la ceinture : délire d'enthousiasme. Il pâlit encore ; mais, toujours de plus en plus calme, il se ramasse sur lui-même et entame une série de six coups successifs si éblouissants, si audacieux et si réussis, qu'au sixième, l'assemblée, entraînée malgré elle, envoie promener son ressentiment et éclate en bravos indescriptibles. Il avait tout vaincu, tout effacé ! On ne voyait plus en lui ni le provocateur ni l'arrogant, on ne voyait que l'artiste incomparable. Jamais il n'y eut plus beau triomphe du talent.

Un tel caractère, on le comprend, ne pouvait guère aller sans quelque duel. Bertrand en a eu quatre, dont le premier fut le plus fatal. Il avait alors vingt et un ans à peine. Au sortir d'un assaut où il avait remporté ce premier succès qui révèle au public une supériorité nouvelle, et où l'on salue dans l'inconnu de la veille le vainqueur du jour et le triomphateur du lendemain, Bertrand se vit provoquer brutalement par un amateur jaloux et extravagant qui le força à tirer l'épée avec lui. L'amateur était très-fort, mais au troisième choc il reçut en pleine poitrine une riposte de quarte, la chemise s'empourpre de sang.

— Vous êtes blessé, monsieur, s'écrie Bertrand, s'arrêtant aussitôt.

— Non ! répond l'autre avec rage.

Et il se précipite sur lui comme un furieux. Bertrand saute de trois pas en arrière.

— Vous êtes blessé.

— Non !

Et l'insensé se précipite toujours, et Bertrand rompt toujours, ne pouvant, avec sa générosité naturelle, supporter l'idée de combattre un ennemi à moitié vaincu. Mais l'autre, exaspéré par sa blessure même, l'attaque avec tant de furie, que Bertrand, forcé de se défendre, lui lance dans les côtes une riposte de tierce volante qui l'étend sur le carreau.

Le second duel fut avec le célèbre professeur des gardes du corps, Lafaugère. J'ai bien souvent entendu raconter ce duel par le père Angot. Le père Angot ! Encore un type perdu ! Ancien soldat, ancien maître de régiment, court, sanguin, cordial, enthousiaste et rageur, il avait un culte pour Bertrand qu'il appelait toujours le petit frisé. « Ah ! monsieur, me disait-il, le beau duel ! comme ils se sont crânement battus ! Il faut rendre justice à Lafaugère, il a joliment soutenu le choc. Quelles attaques ! quelles ripostes ! comme c'était amusant ! Mais, au bout de trois ou quatre minutes, j'ai dit : Lafaugère est f...ichu ! Le petit frisé le tient. Je crois bien qu'il le tenait ! Ne voilà-t-il pas Lafaugère qui a l'imprudence de faire un coupé de quarte en tierce; Bertrand pare le contre... vous savez *son* contre ! Et d'un coup de riposte, il lui cloue si proprement le bras sur la poitrine que la pointe entre au haut du biceps, ressort par derrière, rentre dans les muscles de la poitrine et ressort dans le dos. Quatre trous ! monsieur, quatre trous d'où le sang sortait comme de quatre fontaines. Oh ! le joli coup d'épée ! Je n'ai pu m'empêcher de crier bravo. Gueux de petit frisé ! C'est qu'il le tuait, monsieur, il le tuait raide si Lafaugère, en détournant le bras, n'avait pas fait filer le fer le long de l'os. Non, vrai, c'était beau ! »

Dans son troisième duel, il eut pour adversaire Toire. Les vieux amateurs se rappellent tous le petit Toire ; Toire le pompier, Toire l'Auvergnat, Toire l'héroïque, Toire l'ivrogne ; et il était impossible d'être plus ivrogne, plus héroïque et plus Auvergnat. Un jeu rude, lourd, vigoureux, irrégulier, affreux, mais très-difficile, comme son langage. On avait autant de peine à se reconnaître dans ses coups que dans ses phrases. Il baragouinait de l'épée comme de la langue. Ne s'avise-t-il pas un jour de dire qu'il n'avait pas peur de Bertrand ! Il fallait qu'il eût bu un peu plus que de mesure ce jour-là, car il connaissait Bertrand de longue main, il avait été son prévôt et l'appelait toujours mon capitaine. Mais mon capitaine perdait plus souvent patience qu'autre chose, et le voilà parti pour la salle d'armes de Toire, à qui il inflige, devant ses élèves, une de ces leçons dont il avait le secret. Mais le petit Toire, qui ne boudait devant personne ni devant rien, lui dit crânement après le dernier coup : « Cela n'empêche pas, mon capitaine, que je vous défierais bien d'en faire autant l'épée à la main. » On va sur le terrain, et le pauvre diable de pompier reçoit trois coups d'épée en un seul choc. Heureusement ces trois-là n'en valaient qu'un bon, et il en fut quitte pour rester huit jours sans aller au café.

Enfin Lozès aîné, le grand Lozès, qui est mort il y a une dizaine d'années, fut le quatrième adversaire de Bertrand. Je ne voudrais pas recommencer ici un inutile parallèle rétrospectif entre ces deux illustres tireurs, mais je tiens à rappeler un fait caractéristique qui m'est personnel. Un peu impatienté d'entendre placer Lozès sur la même ligne que Bertrand, je lui adressai un jour la proposition suivante :

— Monsieur Lozès, lui dis-je, vous êtes un artiste de premier ordre, et l'admiration des amateurs hésite entre M. Bertrand et vous. Malheureusement, vous ne vous êtes encore trouvés en face l'un de l'autre que de loin en loin, dans ces rares assauts solennels qui ne permettent pas un jugement sérieux, parce que le hasard, le moment, la disposition actuelle des deux tireurs ont trop de part dans le résultat. Il faut une épreuve plus décisive pour prononcer sur deux hommes comme vous. Je viens vous la proposer. Faites avec M. Bertrand six assauts consécutifs, à huit jours de distance, à boutons marqués, devant l'élite des amateurs ; vingt d'entre nous se réuniront pour offrir au vainqueur un prix de deux mille francs. » M. Lozès se tut un moment, puis refusa, en alléguant le nombre de ses leçons.

— Ce n'est pas une raison sérieuse, lui dis-je : M. Bertrand a autant d'élèves que vous et il accepte. » J'ai connu peu d'hommes plus fins que M. Lozès; il avait un petit œil méridional, et une petite tête d'oiseau qui étaient la malice même. Il me regarda en souriant et déclina mon offre.

— Monsieur Lozès, repris-je alors, on m'avait dit que vous étiez un homme d'esprit, et vous me le prouvez. M. Bertrand, dans les luttes de passage, n'est pas toujours tout à fait lui-même; son impétuosité native, sa rage de tout écraser lui ôtent parfois une partie de ses avantages en lui ôtant la possession de lui-même; mais à la seconde rencontre il se calme et domine son adversaire parce qu'il se domine. Donc, ou je me trompe fort, ou au quatrième assaut... Monsieur Lozès, vous êtes un homme d'esprit. »

L'assaut n'eut donc pas lieu, mais l'antagonisme subsista, et bientôt un duel s'ensuivit. Lozès reçut un léger coup d'épée à l'épaule, Bertrand une piqûre au bas du tibia, à la hauteur de la cheville. Je puis en parler savamment, car je pris leçon avec Bertrand à l'issue du duel, et son pantalon portait encore le petit trou et la petite tache de sang qui marquait la place de l'égratignure... placée un peu bas.

Ainsi finirent les duels de Bertrand, et bientôt aussi il renonça aux assauts publics, pour se consacrer tout entier au professorat. Il y porta la double supériorité de son éducation et de sa nature : son éducation lui donnait la science, sa nature lui donnait l'ardeur, et ces deux qualités réunies faisaient de lui un professeur incomparable [1].

[1] On lui doit les plus heureuses innovations dans son art. Je cite ici, pour les adeptes, la riposte du tact au tact, la réforme de la parade de septime, et la fixation des règles du coup d'arrêt et du temps. Je tiens ces détails précis de Robert, qui a travaillé quatorze ans avec Bertrand.

C'est le propre de l'escrime de créer entre professeurs et élèves des amitiés profondes; il y a dans cette union par le fer je ne sais quoi de magnétique ; on dirait un souvenir des anciennes confraternités d'armes. M. Pons aîné a tous ses élèves pour amis; M. Choquet ne parlait jamais de M. Gomard sans émotion; et un de nos plus habiles tireurs, M. Saucède, qui a autant d'esprit au bout des doigts quand il tient une plume que quand il tient un fleuret, me montrant, suspendue à la tête de son lit, la photographie de son vieux Berryer, ajouta : « Portrait de famille. » Quant à moi, je l'avoue franchement, j'adore Bertrand! D'abord je n'ai pas connu de plus admirable fils. Cet homme, si entier et si altier, était doux, patient, humble comme un enfant devant son vieux père. Puis, il y avait en lui une telle puissance électrique, qu'il vous électrisait. Ses assauts publics me donnaient la fièvre. Chaque coup qui tombait sur sa poitrine me tombait sur le cœur! Mes poings se serraient malgré moi, mes pieds pétrissaient le sol, je détestais son adversaire, à moins qu'il ne fût battu, auquel cas je l'adorais, ce qui était la même chose! Ah! cher Bertrand! Je lui dois tant! C'est par lui que m'a été soufflée au cœur cette passion qui m'a si souvent consolé, charmé, exalté, calmé, même guéri, et il me l'avait si bien chevillée dans le corps, qu'elle dure toujours, et qu'après cinquante ans de mariage avec l'escrime, je l'aime comme au premier jour et qu'elle m'aime encore un peu; mais que parlé-je de moi? croiriez-vous qu'aujourd'hui, ce terrible homme, avec ses soixante-quinze ans passés, travaille encore de huit heures du matin à six heures du soir, qu'il est encore maître dans trois grands lycées de Paris, et que Robert aîné, qui est son véritable héritier légitime, me disait cet hiver, qu'à l'heure actuelle, il ne connaissait encore personne qui fût capable de battre Bertrand dans un assaut de cinq minutes. Je m'arrête, parce que je ne m'arrêterais jamais, et je résume tout en un mot : Bertrand fut un homme de génie dans son art.

ROBERT

Robert avait dix-huit ans quand je croisai le fer avec lui pour la première fois, chez Bertrand. Jamais je ne vis contraste aussi saisissant qu'entre ces deux hommes. La nature avait donné à Bertrand tous les dons naturels du corps ; Robert n'en reçut aucun. Grosse tête, chevelure crépue, figure à larges pommettes; taille petite, épaisse et courte; jambes arquées, démarche dandinante : sa personne était le contraire d'une œuvre d'art. Il prenait un fleuret? transfiguration complète ! C'était un autre homme. Jamais l'empire du talent ne m'apparut si visible. Le dedans métamorphosait le dehors. Toutes ces disgrâces physiques devenaient des grâces ; elles se transformaient, elles se fondaient, elles s'harmonisaient en une seule qualité qui dominait et relevait tout : la souplesse. Certes, Bertrand était plus puissant, plus redoutable, plus terrible, plus fort enfin ! Robert était plus léger, plus adroit, plus félin. Chez Bertrand, tout était viril, même la grâce ; chez Robert, il y avait quelque chose de la femme, même dans la force. Il vous enlaçait, il vous fascinait ; c'est le seul tireur que j'aie connu, qui *trompât l'épée à l'œil.* Nous tous, quand nous trompons la parade de notre adversaire, c'est que nous l'avons devinée, prévue. Robert n'avait pas besoin de prévoir ; il voyait ! Avec cette double et merveilleuse puissance du tact et du regard qui était un de ses dons, il saisissait chacun de vos mouvements à mesure qu'il se produisait, et soudain il s'y liait. Sa lame s'enroulait autour de votre lame, il vous suivait et vous poursuivait dans tous vos détours, et arrivait jusque sur votre corps par une suite de feintes progressives, où vous aviez toujours couru après lui sans jamais l'atteindre, et où il vous avait toujours évité sans cesser d'avancer. Rien de plus élégant en escrime, rien de plus souple, rien de plus imprévu, rien qui tînt le spectateur plus en suspens, que la marche de ce fer qui s'allongeait comme un serpent. Bertrand lui-même n'avait pas ce don particulier. Je le répète, Bertrand était plus fort ; il avait dans la main, dans l'attitude, une autorité et une domination véritablement souveraines : je le comparerais volontiers à un lion. Robert me rappelait plutôt une panthère. Oui ! quand il était là devant vous, ramassé sur ses jarrets, avec son petit œil clair et rond fixé sur vous, il semblait un animal de proie, tapi dans son embuscade, et guettant sa victime. Puis, le moment propice venu, il bondissait sur vous avec une impétuosité qui, surtout dans sa jeunesse, ressemblait à de la folie, l'accompagnant d'un grand cri de joie, sautant en l'air, et pirouettant sur lui-même ! L'auditoire riait, les classiques murmuraient, les amateurs sérieux applaudissaient ! Car, qu'était-ce que cette explosion de mouvements dans un jeune homme, sinon excès de verve et effervescence de qualités natives ? Empêchez donc le vin de Champagne de faire sauter son bouchon ! Robert, à vingt-cinq ans, *moussait un peu trop*, soit ! mais il s'en corrigea assez vite, et il ne garda de cette fougue juvénile, que le feu sacré, l'éclair, ce je ne sais quoi de spontané, qui est à l'escrime ce que l'inspiration est à la poésie. Ajoutez à cela une science profonde, fortifiée par quatorze ans de travail comme prévôt avec Bertrand, et enfin, pour couronner le tout, une qualité qui semblait en désaccord avec toutes les autres, et qu'il n'avait certes pas empruntée à son maître : la douceur. Je n'ai pas connu âme meilleure, plus inoffensive, plus affectueuse, plus incapable de faire du mal que celle de ce terrible lutteur. Je le lui reprochais quelquefois en riant : « Vous n'êtes pas assez méchant, lui disais-je, vous n'avez pas assez le désir enragé d'écraser vos adversaires ! cela diminue votre force. » J'avais raison, c'était un défaut ; mais ce défaut était un charme, et il m'attacha singulièrement à lui. Quand Bertrand, trop éloigné, et trop occupé pour son âge, fut forcé d'interrompre nos leçons, je les recommençai avec Robert. Depuis ce moment, je l'ai toujours suivi et soutenu ; j'ai eu la joie de lui être souvent utile. C'est moi qui l'ai aidé à fonder sa première salle ; c'est moi qui lui ai fait construire sa dernière ; il était à la fois pour moi un maître et un enfant ; je l'aimais pour le bien que j'avais pu lui faire. Quant à lui, il me le payait amplement en prolongeant pour moi les délicieuses jouissances de notre art. J'avais protégé sa jeunesse, il rajeunissait ma vieillesse. Chaque matin, à huit heures, je descendais causer une demi-heure avec son fleuret; et ce commerce d'un instant avec cette lame si alerte, me rendait quelque chose de ma légèreté d'autrefois. Oui! grâce à lui, je me croyais plus jeune pendant une demi-heure, et, en remontant l'escalier, j'enjambais les marches deux à deux, je me sentais dix ans de moins sur les épaules. Adieu toutes ces joies! Pourrai-je retrouver ces illusions? Quand la mort a désarmé Robert, il m'a semblé que mon fleuret m'échappait de la main. Je m'y attendais pourtant. La nouvelle que Bertrand, octogénaire, n'était plus, me frappa comme un coup de foudre. Je le croyais invincible. Il me semblait que la mort ne pouvait pas *le toucher*. Quant à Robert, quoiqu'il fût bien jeune encore, quarante-six ans à peine, je le sentais atteint. Un matin, cet hiver, dans notre assaut habituel, j'avais eu l'avantage sur lui. Je remontai chez moi, plein de tristesse, en me disant: « Robert est perdu! » Trois mois après, il tombait sur le champ de bataille, un fleuret à la main.

Cette mort si soudaine a montré une fois de plus tout ce qu'il y a dans Paris de sympathie spontanée et généreuse, dès qu'il s'agit d'une infortune à secourir, d'un talent à honorer. A peine la triste nouvelle connue, les amateurs les plus distingués, MM. Saucède et Féry d'Esclands, M. le général Michel Ney, M. le comte Potocki, s'empressèrent d'organiser un assaut au profit de la veuve et des quatre enfants de Robert; tous les professeurs offrirent leur concours, le cercle de l'*Union artistique* donna ses salons, et le célèbre peintre espagnol, M. Madrazo, envoya son magnifique portrait en pied de Robert.

C'est le 10 avril qu'eut lieu cette belle séance dans la salle de spectacle du cercle. Sur la scène, convertie en estrade, tout ce que Paris compte de princes de l'escrime; vous y manquiez pourtant, mon cher ami, mais vous y étiez bien présent par notre regret à tous de ne pas vous y voir! Sur l'emplacement du parterre, le lieu du combat; et tout autour, rangés sur des gradins, les spectateurs. A droite, sur la muraille, le portrait de Robert, dont la loyale figure semblait présider à notre réunion. Çà et là, au milieu des groupes, passait un jeune homme en uniforme de chasseur à cheval : c'était le fils aîné de Robert, revenu de son régiment pour prendre part, comme élève de son père, à l'hommage rendu à son père. La séance avait pour présidents, le duc d'Elchingen, M. Saucède, Bertrand et moi. On me demanda, avant l'assaut, une causerie sur l'escrime. Je vous en envoie les dernières paroles, relatives à Robert :

« Le plus bel éloge de Robert, messieurs, est cette réunion même. Aucun artiste de sa profession n'avait obtenu avant lui un tel honneur : c'est que cet honneur s'adresse non-seulement à l'artiste, mais à l'homme. Robert, pendant trente ans de luttes et de succès, a eu des émules, des rivaux, peut-être des envieux, mais pas un seul ennemi. Aujourd'hui, il n'a plus que des admirateurs ; un de ses camarades disait tout à l'heure : « Maintenant qu'il est mort, convenons qu'il était plus fort que nous tous. » Tous les antagonismes disparaissent devant la tombe, mais les sympathies s'y vivifient. Beaucoup d'entre vous ont croisé le fer avec Robert ;

personne qui ne se rappelle plus vivement aujourd'hui cette main d'où jaillissait l'électricité, comme la bonté jaillissait de son visage et de son cœur.

« Que ce souvenir profite à son fils ! Il le mérite. A peine a-t-il su son malheur, qu'il est accouru, quittant tout, renonçant à l'espoir longtemps poursuivi d'une carrière plus brillante, pour venir à vingt-deux ans prendre spontanément, courageusement, la lourde charge de chef de famille. Que votre honorable patronage le suive dans cette rude vie, et, ou je me trompe fort, ou ce jeune homme, qui va se mettre en garde pour la première fois devant le public, avec son diplôme de bachelier dans sa poche, ne vous fera pas repentir de l'avoir adopté pour pupille. »

Ce vœu fut réalisé bien au delà de mon espérance. L'assaut produisit 10,000 francs. M. Saucède, qui en avait été le principal organisateur, disposa de cette somme avec une prévoyance et une affection toute paternelle ; il la plaça sur la tête des trois plus jeunes enfants de Robert. Quant à l'aîné, l'ardente initiative de M. Fery d'Esclands, jointe au généreux concours du général Michel Ney, lui a assuré un sort honorable. L'école d'escrime française, fondée dans la salle même de Robert, a donné à son fils une place de professeur qui lui permet de rester le soutien de sa mère et de ses frères. Ainsi, c'est en souvenir de Robert, c'est sous les auspices de Robert, que sa famille s'élève, que son art se développe ; et, tout mort qu'il soit, il nous enseigne encore, ce qu'il a enseigné toute sa vie, sans s'en douter, l'empire irrésistible du talent uni à la bonté.

Ernest Legouvé.

ÉVREUX, IMPRIMERIE DE CHARLES HÉRISSEY.

www.ingramcontent.com/pod-product-compliance
Ingram Content Group UK Ltd.
Pitfield, Milton Keynes, MK11 3LW, UK
UKHW020223200726
13856UKWH00004B/1577